AF340173

COMITÉ DÉPARTEMENTAL DE SECOURS

1870-1871

COMPTE-RENDU

DES

TRAVAUX DU COMITÉ DÉPARTEMENTAL DE SECOURS

INSTITUÉ

par arrêté préfectoral du 14 août 1870

EN EXÉCUTION DU DÉCRET DU 25 JUILLET PRÉCÉDENT.

NIMES

TYPOGRAPHIE CLAVEL-BALLIVET ET Cᵉ

12 — RUE PRADIER — 12

1873

COMITÉ DÉPARTEMENTAL DE SECOURS

1870-1871

COMPTE-RENDU

DES

COMITÉ DÉPARTEMENTAL DE SECOURS

institué par arrêté préfectoral du 14 août 1870 [a]

EN EXÉCUTION DU DÉCRET DU 25 JUILLET PRÉCÉDENT

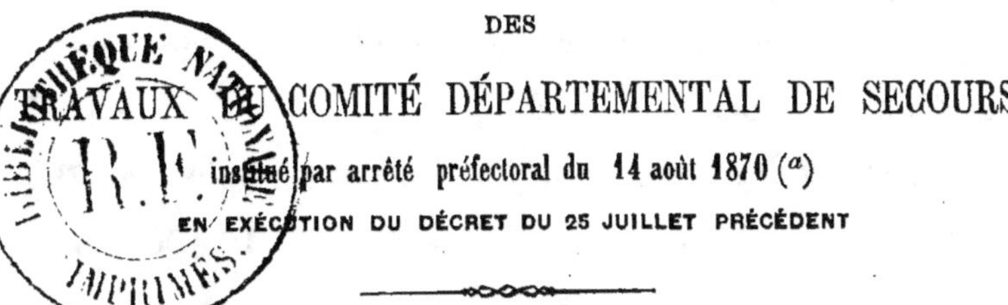

Ce Comité avait pour mission de répartir les fonds alloués par l'Etat en faveur des familles dont les chefs ou les soutiens étaient sous les drapeaux , et le produit des

(a) Les membres du Comité ont été nommés par deux arrêtés préfectoraux en date des 14 et 18 août 1870.

C'est le Comité lui-même qui a choisi, dans son sein, le *Président* et le *Secrétaire.*

Le Comité s'est, dès lors, trouvé constitué de la manière suivante :

MM. Gouazé, premier président à la Cour — *Président* ;

Liotard, chef de division à la Préfecture — *Secrétaire* ;

Arnaud, Jouanin, fabricant de tapis ;

Beau, membre du Conseil général ;

Brunel, négociant ;

Carcassonne, docteur en médecine ;

De Cabrières, vicaire-général honoraire ;

De Clausonne, Emile, propriétaire ;

Gautier, avocat ;

Laget, membre du Conseil général ;

Martin, Félix, avoué ;

De Matharel, Trésorier-payeur général ;

Noury, Louis, propriétaire ;

Rédarès, membre du Conseil général ;

Tailhand, Président à la Cour, Président du Comité de l'orphelinat de Courbessac ;

De Trinquelague, Alexis, propriétaire ;

De Valfons, propriétaire et maire de La Calmette ;

Viguié, Président du Consistoire de Nimes ;

Viviez, propriétaire.

souscriptions publiques à organiser, dans chaque commune du département, pour subvenir au soulagement des soldats, des mobiles et des mobilisés.

La part du département du Gard, dans les fonds de l'Etat, a été de............................... 104,000 fr.   »

Les dons volontaires se sont élevés à...   51,936   65

Ensemble......   155,936 fr. 65

La somme de 51,936 fr. est loin d'exprimer l'effort généreux des populations du Gard pour soulager les misères nées de la guerre. Le concours sympathique de ces populations s'est manifesté sous plusieurs formes aussi ingénieuses que variées, et pour ne citer qu'une de ces œuvres, il nous suffira de dire que, suivant le rapport du Comité sectionnaire de la *Société internationale de secours aux blessés*, présidé, pour le département du Gard, par M. A. Silhol — une somme de plus de 140,000 fr. a été recueillie pour des œuvres diverses, inspirées par le même sentiment de bienfaisance patriotique.

Les 155,936 fr. mis à la disposition du comité départemental ont reçu l'emploi suivant :

1° Distribution pendant la guerre aux familles (femmes, enfants, ascendants) dont le soutien naturel était sous les drapeaux.................................... 119.865 fr.

Savoir :

Fonds de l'Etat............... 104.000

Fonds des souscriptions......   15.865

2° Secours envoyés à nos soldats prisonniers dans la forteresse de Stettin.......................... 1.000 fr.

3° Secours distribués à des familles du département dont le soutien (mari , père ou fils) avait succombé à la guerre................................. 10.800

4° Aux militaires blessés.............. 20.018

Savoir : Aux ambulances qui furent installées à Nimes....................... 9.380

Aux militaires originaires du département qui avaient reçu des blessures graves entraînant une incapacité de travail totale ou partielle..................... 10.638

5° Fonds envoyés aux provinces envahies.. (a) 3.290

6° Frais d'impression ou d'expédition des états dont il est parlé ci-après........................ 907 40

Pour accomplir l'œuvre qui lui avait été confiée, le Comité départemental organisa, dans chaque canton, une commission composée — sous la présidence du juge de paix — du maire , du curé, du pasteur du chef-lieu, avec la faculté de s'adjoindre les maires des autres communes. C'est à ces com-

(a) Cette somme avait été versée pour cette destination spéciale aux mains du comité , savoir :

Jules Rouvière... 20 fr.
Dames de Vauvert.. 2.750 fr.
Dames de Beauvoisin....................................... 500
Comte de Cabrières.. 20

Total égal....... 3.290

missions que fut confié le soin de dresser, par commune, l'état des familles à secourir et des militaires atteints de blessures graves. Elles s'en sont acquitté avec zèle ; — nous leur en exprimons ici notre reconnaissance.

De son côté, le Comité départemental a examiné les états qui lui furent adressés, et, après un contrôle consciencieux, il a arrêté la liste des personnes qui devaient être secourues. Aucune autre considération n'a présidé, faut-il le dire, à la répartition des secours que celle du besoin et du malheur.

§ 1.
Secours aux
familles
pendant la
guerre.

§ 1er. — *Secours aux familles pendant la guerre.* — La distribution des secours, commencée dès les premiers jours du mois de septembre 1870, s'est continuée, à Nimes, jusqu'au mois de mars 1871 ; elle a été terminée, au mois de mai, dans les autres communes du département. Les règles d'une comptabilité rigoureuse y ont présidé ; elle a été faite au moyen d'états d'émargement contenant les noms de tous les individus secourus. Ces états, dressés par commune, étaient, par les soins obligeants de M. le Trésorier-payeur général, transmis aux percepteurs qui ont payé aux ayant droit les sommes allouées par le Comité.

Le nombre des états se référant à cette première catégorie de familles secourues s'est élevé à 1.714, répartis entre 287 communes. Ils constatent 17.020 paiements.

La distribution des sommes allouées par le Comité aux familles en résidence, à Nimes a été faite sur des états semblables — dans les locaux de la Préfecture — par les soins de M. Liotard, secrétaire du Comité.

§ 2. — *Secours aux soldats prisonniers de guerre.* — Sur une somme de 1.020 fr. employée pour cet objet, 1000 fr. ont été envoyés aux soldats prisonniers à Stettin. Le corps des officiers, qui était chargé de l'emploi des secours a bien voulu nous adresser un état détaillé faisant connaître le nom des soldats qui ont été admis à en profiter. — On ne saurait concevoir une répartition plus sagement faite.

§ 3. — *Secours aux familles du département qui ont perdu à la guerre le père, le fils ou l'époux qui était leur soutien.* — La fin de la guerre ne devait point arrêter l'œuvre du Comité ; il s'enquit, alors, dans chaque commune du département, des victimes qu'elle avait faites. et distribua une somme de 10.800 fr. aux femmes qui avaient perdu leur mari ; aux père et mère qui avaient perdu leur enfant. 272 personnes prirent part à ces secours, savoir :

29 femmes ; 243 ascendants — répartis entre 122 communes.

Le paiement des sommes allouées par le Comité a eu lieu, pour cette catégorie de personnes, suivant la forme déjà employée pour les autres secours, c'est-à-dire au moyen d'états d'émargement.

§ 4. — *Secours aux militaires blessés.* — Le Comité a dépensé pour cet objet une somme de 20.018 fr., dont 9.380 ont été donnés, à titre de subvention, aux ambulances qui furent établies à Nimes, pendant la guerre, et 10.638 distribués directement aux militaires atteints de blessures graves. Comme tous les autres, ces secours individuels ont été payés au moyen d'états d'émargement.

Les 9.380 fr. accordés aux ambulances ont été ainsi répartis :

Au maire de la ville de Nimes................ ... 6.000 fr.

A l'ambulance de la caserne des passagers..... 1.500

A celle du chemin d'Uzès.................... 1.500

Aux Petites Sœurs des Pauvres.............. 300

Divers.................................. 80

Il ne fallait pas seulement guérir les malades ; il importait encore de venir en aide à ceux qui , au sortir des hôpitaux, rentraient dans leurs foyers privés d'un membre et frappés d'incapacité partielle ou totale de travail. Nous avons dû attendre, pour la distribution de ces secours, que la situation de ces glorieux mutilés eût été établie au ministère de la guerre et qu'elle fût connue dans les communes de leur résidence. C'est pourquoi les allocations accordées par le Comité n'ont eu lieu et n'ont été payées que dans le courant des mois d'avril et mai 1872.

57 individus ont obtenu un secours de 100 francs.

123 — ont obtenu un secours de 40 francs.

Ainsi qu'on a pu le remarquer, l'action du Comité s'est surtout étendue aux familles et aux militaires blessés originaires du département. — Sa distribution de secours accomplie, il est resté en caisse une somme de 352 fr. 55. Il lui a paru qu'il n'en pouvait point faire un emploi plus conforme aux sentiments patriotiques des donateurs, qu'en la versant aux mains du Comité chargé de recueillir les offrandes destinées au soulagement de nos frères de l'Alsace et de la Lorraine, qui ont préféré la souffrance et l'exil à la perte de leur qualité de Français !

Nimes, le 1er février 1873.

Au nom du comité départemental :

Le Président,

GOUAZÉ.

COMPTE FINANCIER

CHAPITRE Ier. — RECETTES.

Les noms en italique indiquent les personnes par les mains desquelles les sommes ont été versées au comité départemental de secours.

Anonyme	20	»
Comité de BARJAC (*Le Receveur municipal*)	1.000	»
Collecte à SERNHAC (*L'Instituteur*)	274	15
Eugène ROLLET (*Le sous-préfet du Vigan*)	50	»
Commune de BOUILLARGUES (*Le Maire*)	1.046	50
Souscription dans les bureaux du COURRIER DU GARD (1er versement)	12.466	»
Société de secours mutuels de GARONS	100	»
Collecte à SAZE	140	»
id. à MEYNES	575	25
id. à DOMAZAN	175	50
id. à GAJAN	100	50
M. de Vallongue, à Nimes	40	»
Compagnie de la GRAND'COMBE	6.730	60
Souscription dans les bureaux du COURRIER DU GARD (2e versement)	8.000	»
A reporter...	30.718	50

Report....	30.718	50
Collecte à LÉDENON	410	15
id. à BOISSET et GAUJAC......................	155	80
id. à RIBAUTE.........................	110	45
id. à ANDUZE..........................	332	10
id. à BEAUVOISIN...........................	280	»
CERCLE DE FRANCE, à Nimes (*M. Donzel*).........	100	»
Collecte à AIMARGUES (*M. Roussellier*)..........	758	50
id. à BOISSIÈRES.............................	(a) 74	50
id. à LANGLADE	600	»
MONT-DE-PIÉTÉ de Nimes (*Le Directeur*)	30	»
Collecte à VERGÈZE..........................	221	55
OUVRIERS CHAPELIERS, à Nimes (*M. Bigot, trésorier*)	50	»
Collecte à CAVEIRAC.................................	400	»
id. à GÉNÉRARGUES (*M. Auzières, pasteur*)..	300	»
id. à SAINT-SÉBASTIEN......................	100	»
CERCLE DU COMMERCE, à Nimes (MM. *Michel et Verdier*), 1er versement.....	2.000	»
Collecte à CANNES...........................	37	»
M. Duret-Soulier.............................	100	»
Mlle Auquier..................................	10	»
Collecte à SAINT-JEAN-DE-VALÉRISCLE..........	67	30
id. à LES MAGES	443	»
id. à SAINT-VICTOR-DE-MALCAP............	65	»
id. à COMBAS	225	40
M. Robert, avoué à Nimes......................	5	»
Souscription dans les bureaux du COURRIER DU GARD (3e *versement*)........................	3.650	»
A reporter....	41.244	25

(*a*) Cette souscription ayant été spécialisée pour les *francs-tireurs*, a été versée aux mains du trésorier de cette œuvre (*voyez le chapitre des dépenses*)

Report....	41.244	25
M. Jules Rouvière, à Nimes	(a) 100	»
Cercle du Nord (*M. Floutier*).................	300	»
Commune de THÉZIERS (*Le Courrier du Gard*)..	12	»
M. Léon Meynier (*Le Courrier du Gard*)........	20	»
Cercle du Commerce (*M. Michel*) 2ᵉ et dernier versement..........................	445	»
Mᵐᵉ Larguier............................	2	»
Le Trésorier-Payeur du Gard (versement à sa caisse)	1.682	50
Collecte à BELLEGARDE (*le Maire*)............	400	»
Souscription dans les bureaux du *Courrier du Gard*, y compris 898 fr. de la souscription du 1ᵉʳ jour de l'an (4ᵉ et dernier versement).....	2.898	»
M. Léon Cabane...........................	20	»
Les dames de Vauvert... 2.750 — de Beauvoisin. 500 M. le comte de Cabrières. 20 — *Le Juge de paix* (b)	3.270	»
M. Teyssier, à Saint-Ambroix................	188	75
Imprimerie *Clavel*, à Nimes (souscription).....	968	»
Commune de LÉDENON	60	»
Quête à BELLEGARDE (*le Maire*)	100	»
Loterie de livres (*Maurant-Vidal*, à Nimes).....	100	»
Collecte à TORNAC et MARSILLARGUES (*Veries*, ex-juge de paix)........................	62	95
Commune de SAINT-LAURENT-LE-MINIER........	63	20
Intérêts de fonds placés....................	436	55
Total des Recettes......	52.373	20

(a) Pour les militaires [sous les] drapeaux....... 20 fr.
     mobilisés...................... 20
     blessés........................ 20 } 100 fr.
     provinces envahies.............. 20
     pauvres de la ville de Nimes....... 20

(b) Ces souscriptions ayant été spécialisées pour les *provinces envahies* ont été versées aux mains du trésorier de l'œuvre. (*Voyez le chapitre des dépenses*).

CHAPITRE II. — DÉPENSES.

Secours aux familles des militaires, mobiles, mo-
bilisés, francs-tireurs, etc., aux veuves et
orphelins, etc.......................... 27.521 80
Secours aux blessés 20.022 85
    —   aux prisonniers..................... 1.020 »
    —   aux provinces envahies.............. 3.290 »
Dépenses diverses......................... 91 50
Versé au comité des francs-tireurs.... .... 74 50

        Total des dépenses.......... 52.020 65

BALANCE.

Recettes.................... 52.373 20
Dépenses.................... 52.020 65

        Reste............ 352 55 (a)

Certifié conforme aux écritures du Comité :
       Le Secrétaire du Comité départemental,
            Er. LIOTARD.

(a) Par une dernière délibération du 1ᵉʳ février 1873, le Comité départemental de secours a déclaré son œuvre terminée et a décidé que le reliquat
de 352.55 serait mis à la disposition de l'un des Comités de secours aux
Alsaciens-Lorrains.

Nîmes. — Typ. Clavel-Ballivet et Cᵉ.